SUPPLÉMENT AU CATALOGUE

DE LA

COLLECTION DE M. LE BARON DE B.

LIVRES ANCIENS A FIGURES

EN RELIURES ANCIENNES

VENTE HOTEL DROUOT, SALLE N° 3

Le Jeudi 19 Février 1885

A CINQ HEURES

<table>
<tr><td align="center">Me MAURICE DELESTRE
COMMISSAIRE-PRISEUR

Rue Drouot, n° 27.</td><td align="center">M. CLÉMENT
MARCHAND D'ESTAMPES
DE LA BIBLIOTHÈQUE NATIONALE
Rue des Saints-Pères, n° 3.</td></tr>
</table>

DÉSIGNATION SOMMAIRE

602 — **La Fontaine.** — Fables, avec figures de Simon et Coiny. Paris, Didot aîné, 1787, 6 vol. in-18, reliure ancienne, maroquin rouge, doublée de tabis.

603 — **Lucrèce,** de la Nature des choses, traduit par La Grange. Paris, de l'imprimerie de Didot le jeune, an II (1794). 3 vol. grand in-4, papier jésus vélin, avec les planches avant la lettre. Reliure ancienne en maroquin rouge.

604. — **Milton.** — Paradise lost. Glasgow, Foulis, 1770, in-fol. Reliure ancienne, maroquin rouge.

605 — **Ovide.** — Les Métamorphoses, en latin et en françois, traduction de l'abbé Banier, avec figures gravées par les

sieurs de Le Mire et Basan. Paris, Leclerc, 1767-71, 4 vol. in-4, reliure ancienne en veau marbré, première édition sous cette date.

606 — **Rousseau** (J.-J.). OEuvres complètes. Genève, 1782-90, 17 vol. in-4, figures de Moreau, reliure ancienne, veau marbré.

607 — **Tasse.** — Jérusalem délivrée trad. Le Brun). Paris, Musier, 1774, 2 vol. gr. in-8, fig. de Gravelot. Reliure ancienne, veau granit.

608 — **Les commentaires de César.** — Texte latin et traduction française. Paris, Barbou, 1766, 2 vol. in-12. Reliure ancienne, maroquin rouge.

609 — **Tableaux** historiques de la Révolution française. Paris, Auber, 1802, 3 vol. gr. in-fol. pap. vél. Reliure ancienne, maroquin vert.

Paris. — Typ. PILLET et DUMOULIN, 5, rue des Grands-Augustins.

DÉSIGNATION

LIVRES

1. **About** (E.). Le Roi des Montagnes. *Paris, Hachette,* 1861 ; in-8, d.-rel., tr. dor. *Illust. par G. Doré.*

2. **Adam**. Tribulations parisiennes ; in-4, cart. *Fig. coloriées.*

3. **Adeline**. Hippolyte Bellangé et son OEuvre. *Paris, Quantin,* 1880 ; in-8, br. *Eaux-fortes.*

4. **Aimé-Martin**. Plan d'une bibliothèque universelle. *Paris, Desrez,* 1837 ; in-8, mar. viol., tr. dor. *Grand papier.*

5. **Alboize**. Fastes des gardes nationales de France. *Paris,* 1849 ; gr. in-8, d.-rel. *Figures.*

6. **Album** de quatre-vingt-dix-neuf gravures d'Ary-Sheffer et de T. Johannot pour l'Histoire de la Révolution française, en 1 vol. in-8 obl., d.-rel.

7. **Almanachs**. Calendrier de la Cour, 1754. — Calendrier à l'usage du collège de Chirurgie. *Paris,* 1788 ; ens. 2 vol. in-32, mar.

8. **Almanach**. Riders (1722). British Merlin. *London,* 1722 ; pet. in-12, mar. rou. fil., tr. dor., petits fers. *Rel. anc.*

9. **Amours de Laïs**. Histoire grecque. *Paris*, 1765 ; in-12, v.

10. **Anacréon et Sapho**. OEuvres trad. en vers françois par de Longepierre. *Paris*, 1692 ; in-12, mar.viol., tr. dor.

11. **Arioste**. Roland furieux, trad. par le comte de Tressan. *Paris, Ruel* ; 2 tomes en 1 vol. gr. in-8, cart. n. rogn. *Figures*.

12. **Autrefois** ou le bon vieux temps. *Paris, Challamel* ; gr. in-8, d.-rel. chag. *Figures en couleurs de T. Johannot, Gavarni, Th. Fragonard, Ch. Jacques, etc.*

13. **Aventures** du Gourou paramarta. *Paris, Barraud,* 1877 ; in-8, d.-rel. chag., coins, tête dor., n. rog. *Figures*.

14. **Balathier-Bragelone**. Paris insurgé. *Paris,* 1872 ; gr. in-8, d.-rel. *Figures*.

15. **Balzac**. Les Contes drôlatiques. *Paris, Société de Librairie,* 1855 ; in-8, d.-rel. chag. rou. *Figures de G. Doré*.

16. **Balzac**. Lettres choisies. *Amsterdam, chez les Elseviers,* 1656 ; pet. in-12, front. v.

17. **Barthe**. La Jolie femme. *Amsterdam,* 1769 ; 2 tomes en 1 vol. in-12, v.

18. **Beauduin**. De Waterloo à Sainte-Hélène, poëme. *Paris, Dentu,* 1861 ; in-12, chag. vert, tr. dor.

> Aux armes impériales. Exemplaire de dédicace.

19. **Beauvoir** (Le comte de). Voyage autour du monde. *Paris, Plon,* 1875 ; pet. in-4, d.-rel. mar. rou., coins, tête dor., n. rog. *Figures*.

20. **Béranger**. Chansons avec des vignettes de Devéria et des dessins coloriés d'H. Monnier. *Paris, Baudouin,* 1828 ; 2 vol. in-8, mar. bl., tr. dor.

> On a ajouté des figures de T. Johannot, Charlet, etc.

21. **Béranger**. OEuvres complètes, édition illustrée par Grandville. *Paris, Fournier,* 1836 ; 3 vol. in-8, v. bl., tr. dor. *Premier tirage.*

22. **Bernardin de Saint-Pierre**. Romans, Contes et Opuscules. *Paris, Lefèvre,* 1834 ; 2 vol. in-12, v. vert, tr. d. *Figures de Corbould.*

23. **Bernardin de Saint-Pierre**. Paul et Virginie, édition miniature. *Paris, Masson,* 1839 ; in-18, mar. viol. *Vignettes sur chine.*

24. **Bertall**. The communists of Paris. *London,* 1871 ; in-4, cart. *Figures coloriées.*

25. **Bibliothèque des Voyages**. *Paris,* 1829 ; 27 vol. in-18, d.-rel.

26. **Blanc** (Ch.). Grammaire des arts du dessin. *Paris, Renouard,* 1867 ; gr. in-8, d.-rel. chag., n. rog. *Figures.*

27. **Boccace**. Contes, trad. par Barbier. *Paris,* 1846 ; gr. in-8, cart., tr. dor. *Figures de T. Johannot, Grandville, etc.*

28. **Boileau**. OEuvres. *Amsterdam,* 1729 ; 4 vol. in-12, v. *Figures de B. Picart.*

29. **Bonnaffé**. Les Collectionneurs de l'ancienne France. *Paris, Aubry,* 1873 ; in-8, d.-rel. mar. br., coins, n. rog.

30. **Bosc**. Dictionnaire de l'art de la curiosité et du bibelot. *Paris, Didot,* 1883 ; gr. in-8, d.-rel. chag. rou., coins, n. rog. *Figures.*

31. **Bosquet** (Mlle A.). La Normandie romanesque et merveilleuse, traditions, légendes et superstitions populaires de cette province. *Paris*, 1845 ; gr. in-8, mar. rou., tr. dor. (*Petit*).

Bel exemplaire en grand papier vélin.

32. **Bouillet**. Dictionnaire d'histoire et de géographie. *Paris, Hachette*, 1871 ; gr. in-8, cart.

33. **Bouillet**. Dictionnaire des sciences, des lettres et des arts. *Paris, Hachette*, 1862 ; gr. in-8, cart.

34. **Brantôme**. Les Vies des dames illustres de France. *Leyde* (*Elzevier*), 1665 ; pet. in-12, v., tr. dor.

35. **Brantôme**. OEuvres complètes avec notices, par Buchon. *Paris*, 1838 ; 2 vol. gr. in-8, d.-rel., n. rog. (*Panthéon littéraire*).

36. **Breton**. La Chine en miniature. *Paris, Nepveu*, 1811 ; 6 tomes en 3 vol. pet. in-18, mar. rou., tr. dor. *Figures coloriées*.

37. **Briffault**. Paris à table et Paris dans l'eau. *Paris, Hetzel*, 1844-46 ; 2 vol. in-8, d.-rel. chagr. vert, n. rog. *Vignettes de Bertall. Premier tirage*.

38. **Briffault**. Le Secret de Rome au xixe siècle, illustré de 200 dessins. *Paris, Boizard*, 1846 ; gr. in-8, dos et coins, mar. bl. fil., tête dor., n. rog.

39. **Burette**. Histoire de France depuis l'établissement des Francs dans la Gaule jusqu'en 1830, enrichie de 500 dessins par J. David, gravés par V. Chevin. *Paris, Ducrocq*, 1840 ; 2 vol. gr. in-8, d.-rel. chag.

40. **Bussy-Rabutin**. Histoire amoureuse des Gaules. *S. l.*, 1754 ; 5 vol. pet. in-12, v. fau. fil. *Titres gravés par Choffard*.

41. **Byron** (Lord). OEuvres complètes. *Paris, Ladvocat*, 1827 ; 10 vol. in-18; d.-rel. v. *Figurès sur chine de Westall*

42. **Collection Barbou**. Trois vol. in-12, v., tr. dor. *Vignettes.*

Horace, 1754 ; Cornélius Nepos, 1745 ; Phèdre, 1748.

43. **Condillac**. OEuvres. *Paris*, 1798 ; 23 vol. in-8, v.

44. **Cooper**. OEuvres, trad. Defauconpret. *Paris, Furne,* 1862 ; 30 vol. in-8, d.-rel. v. fau. *Figures.*

45. **Coppée** (Fr.). Premières poésies. *Paris, Lemerre,* 1869 ; in-12, d.-rel. mar. n. rog.

46. **Correctionnelle** (La). Petites causes célèbres, études de mœurs populaires au xix° siècle. *Paris, Martinon*, 1840 ; gr. in-8, d.-rel chag. *Illust. de Gavarni.*

47. **Courson** (A. de). Histoire des peuples bretons. *Paris, Furne,* 1846 ; 2 vol. gr. in-8, d.-rel. mar. rou., coins.

48. **Cæsaris** quæ extant ex emendatione Scaligeri. *Lugd. Batav.. ex. off.Elz.*; 1635; pet. in-12, mar. rou. fil. tr. dor. *Rel anc.*

49. **Caquets de l'Accouchée**. Nouvelle édition, revue par E. Fournier. *Paris, Jannet,* 1855 ; in-12, mar. bl. fil., tr. dor.

Papier de chine.

50. **Caylus** (Le comte de). OEuvres badines complètes. *Amsterdam*, 1787 ; 12 vol. in-8, v. *Figures de Marillier.*

51. **Cazin**. OEuvres de Gresset, 1779; 2 vol., *Vignette de Marillier.* — Poésies de Sapho, 1777. — La Pucelle d'Orléans, 1758; ens. 4 vol. pet. in-18, mar. rou., fil., tr. dor. *Rel, anc.*

52. **Cazin**. 7 vol. pet. in-18, v,

Roman comique de Scarron, 1785; 3 vol. — Odes de Méro, 1781. — Les Saisons, de Thompson. — Histoire des Oracles, par Fontenelle, 1785. — OEuvres de Bernis, 1778.

53. **Cham**. Mœurs algériennes. *Paris, Aubert*; in-4, cart. *Figures*.

54. **Champfleury**. Henry Monnier, sa vie, son œuvre. *Paris, Dentu*, 1879, in-8, br. *Figures*.

55. **Champfleury**. Histoire de la Caricature, 4 vol. — Histoire de l'Imagerie populaire. — Histoire des faïences patriotiques. — L'hôtel des Commissaires-priseurs. *Paris, Dentu*, 1867-1869, 7 vol. in-12, d.-rel. chag. vert., coins, tête dor., n. rog. *Figures*.

56. **Champfleury**. Le Violon de faïence dessins en couleur par Renard. Eaux-fortes par Adeline. *Paris, Dentu*, in-8, br.

57. **Chants et Chansons** populaires de la France. *Paris, Delloye*, 1843; 3 vol. gr. in-8, dem.-rel. mar. rou. coins, tr. dor. *Couvertures, Illustrations de Meissonnier, Trimolet, Steinheil. — Premier tirage.*

58. **Chevigné** (Comte de). Les Contes rémois. *Paris, Lévy*, 1861, in-8, d.-rel. chag. rou., coins, tête dor. n. rog. *Vignettes de Meissonnier.*

59. **Choisy**. Aventures de l'abbé de Choisy habillé en femme. *Bruxelles*, 1870; in-12, d.-rel. mar. n. rog.

60. **Cicéron**. Œuvres complètes, publ. par Le Clerc. *Paris, Werdet*, 1827; 35 vol. in-18, cart., n. rog.

61. **Dante**. La divine Comédie, trad. par Artaud. *Paris, Didot*, 1828. 9 tomes en 3 vol. in-32, v.

62. **Dauban**. La Démagogie en 1793 à Paris. *Paris*, 1868; in-8, d.-rel. chag., tr. dor. *Figures*.

63. **De la Rochère** (Mme la comtesse). Rome, Souvenirs religieux, historiques. artistiques de l'expédition française en 1849 et 1850. *Tours, Mame*, 1853; in-8, d.-rel. tr. dor. *Figures*.

64. **Désaugiers**. Chansons complètes. *Paris, Délahays,* 1858; in-32, pap. rose, mar. vert., tr. dor. *David.*

65. **Diorama anglais** ou promenades pittoresques à Londres; *Paris,* 1823; in-8, d.-rel. v. *Figures en couleurs par Cruikshank.*

66. **Dorat**. Les Baisers. *La Haye,* 1770; in-8, v., tr. dor. *Vignettes d'Eisen.*

67. **Dorat**. Fables. *La Haye,* 1772; in-8, v., pap. de Holl. *Fig. de Marillier.*

68. **Dorat**. Fables nouvelles. *La Haye et Paris,* 1773, *Vignettes de Marillier.* — Recueil de Contes, 1770; *Vignettes d'Eisen,* en 1 vol. in-8, d.-rel. mar. rou., tr. dor.

69. **Dorat**. Lettre de Barnevelt. — Le pot-pourri. — Lettre de Zeila. *Paris,* 1764, in-8, v. *Figures d'Eisen.*

70. **Dorat**. Lettres en vers et œuvres mêlées. *Paris,* 1767; 2 tomes en 1 vol. — Mes fantaisies. — La déclamation théâtrale. — Les victimes de l'amour, ens. 3 vol. in-8, *Figures d'Eisen et Marillier. Paris.*

71. **Dorat**. OEuvres. *Paris, Delalain,* 1773; 9 vol. in-8, v., tr. dor. *Figures de Marillier et d'Eisen.*

> Théâtre, 3 vol. — Mes Fantaisies, œuvres niélées, 2 vol. — Les Sacrifices de l'amour, 2 vol. — Les Victimes de l'amour.

72. **Dorat**. Recueil de Contes et de Poèmes. *Paris,* 1776, in-8, d.-rel. chag. *Vignettes d'Eisen.*

73. **Dreux du Radier**. Mémoires sur les reines et régentes de France. *Paris, Renouard,* 1827; 6 vol. in-8, d.-rel. chag. *Fig.*

74. **Ducis**. OEuvres complètes, suivies des œuvres de J. Chénier. *Paris,* 1840; gr. in-8, d.-rel., n. rog. (*Panthéon littéraire*).

75. **Dulaure**. Histoire de Paris. *Paris, Furne,* 1854;
gr. in-8, d.-rel. *Fig.*

76. **Dupont** (P.), Chants et chansons. *Paris, Houssiaux,*
1852; 4 vol. in-8, d.-rel. chag., tr, dor. *Figures de
T. Johannot, Nanteuil, etc.*

77. **Essai** du nouveau Conte de ma mère Loye ou les
enluminures du jeu de la Constitution(par Debonnaire)
1722, in-8, d.-rel. mar. rou., tr. dr.

78. **Étrangers** (Les) à Paris, *Paris,* gr. in-8, dos et coins
d.-rel. mar. br., fil., tête dor., n. rog. *Illustrations de
Gavarni, Frère, Emy, etc.*

79. **Fénelon**. Les Aventures de Télémaque. *Paris, Bourdin,* gr. in-8, d.-rel., n. rog. *Figures.*

80. **Fénelon**. Les Aventures de Télémaque. *Paris, Crapelet,* 1796. 2 vol. in-8, mar. bl., fil., tr. dor. *Figures
de Marillier.*

81. **Fielding**. Tom Jones. *Paris, Didot.* 1833; 4 vol. in-8,
d.-rel. mar. viol., coins. *Figures de Moreau.*

82. **Florian**. OEuvres, *Paris, Renouard,* 1820; 16 vol.
in-18, d.-rel. chag. bl., coins, tête dor., n. rog. *Vignettes
de Desenne.*

83. **Fournier** (E.). Histoire du Pont-Neuf. *Paris, Dentu,*
1862; 2 vol. in-18, d.-rel. *Fig.*

84. **Galeries historiques** de Versailles publiées par
Gavard. *Paris,* 1837; 16 vol. in-fol., d.-rel. chag. rou.,
tête dor., n. rog.

85. **Garnier**. Le nouvel Opéra de Paris. *Paris, Ducher,*
1875; 6 livr. in-8, br.

86. **Gautier** (Th.). Le capitaine Fracasse. *Paris, Charpentier,* 1866; gr. in-8, d.-rel. chag. Lav. *Illustrat. de
G. Doré.*

87. **Gautier** (Th.). Émaux et Camées. *Paris, Poulet-Malassis*, 1858; in-12, v. fau., fil., tr. dor. *Eau-forte par Thérond.*

88. **Gautier** (Th.). Les Grotesques. *Paris, Desessart*, 1845; 2 vol. in-8, d.-rel. mar. vert., coins, tête dor., n. rog.

89. **Gavarni**. Masques et visages. *Paris*, 1868 ; gr. in-8, d.-rel. mar. br. *Fig.*

90. **Gavarni**. OEuvres choisies. *Paris, Hetzel*, 1846 ; 3 vol. gr. in-8, d.-rel. chag. *Figures.*

91. **Genlis** (Mme de). Mademoiselle de Clermont. *Paris, Maradan*, 1813 ; pet. in-18, mar. rou., fil., tr. dor. *Simier, Vignettes de Desenne avant la lettre.*

92. **Gérard** (J.). La Chasse au lion. *Paris*, 1855, gr. in-8, cart. tr. dor. *Figures de G. Doré.*

93. **Gœthe**. OEuvres scientifiques analysées et appréciées par E. Faivre. *Paris, Hachette*, 1862; in-8, chag. bl., fil., tr. dor.

94. **Gœthe**. Théâtre traduit par Marmier. *Paris*, 1839 ; in-12, v. fau., fil,. tr. dor. *Koehler.*

95. **Goncourt** (E. et J. de). L'Amour au xviiie siècle, *Paris, Dentu*, 1875 ; in-12, d.-rel. mar. rou., coins, n. rog. *Texte encadré et eau-forte par Boilvin.*

96. **Hatin**. Les gazettes de Hollande et la presse clandestine aux xviie et xviiie siècles. *Paris, Pincebourde*, 1865; in-8, d.-rel. mar. bl., coins, n. rog. *Eau-forte.*

97. **Havard**. La Hollande à vol d'oiseau. *Paris, Quantin*, 1881, in-4, br. *Eaux-fortes par Lalanne.*

98. **Hédelin**. Voyage au royaume de Coquetterie. *Paris*, 1793; pet. in-18, d.-rel.

99. **Homère**. OEuvres trad. par Bitaubé. *Paris*, 1819 ; 8 vol. pet. in-18, v., tr. dor.

100. **Houdart de la Motte**. OEuvres choisies. *Paris, Didot*, 1811 ; 2 vol. in-18, d.-rel. mar. br., coins, n. rog.

101. **Jacquemart**. Histoire de la céramique. *Paris, Hachette.* 1873 ; gr. in-8, d.-rel. chag. rou. coins. *Figures à l'eau-forte, par J. Jacquemart.*

102. **Janin** (J.). La Bretagne. *Paris, Bourdin.* gr. in-8, d.-rel. tr. dor. *Illust. de Bellangé, Gigoux, Isabey, Daubigny*, etc.

103. **Janin** (J.). La Normandie. *Paris, Bourdin*, gr. in-8, cart. tr. dor. *Figures.*

104. **Janin** (J.). Un Hiver à Paris. *Paris, Curmer*, 1844 ; gr. in-8, dos et coins, mar. br. tête dor. *Figures de Lami.*

105. **La Bédollière**. Londres et les Anglais. *Paris, Barba*, gr. in-8, cart., tr. dor. *Figures de Gavarni.*

106. **Lacroix** (P.). xviiie siècle. Institutions, usages et costumes. *Paris, Didot*, 1878 ; in-4, dos et coins mar. rou., tête dor. n. rog. *Figures noires et en couleurs.*

107. **Lacroix** (P.). xviiie siècle. Lettres, Sciences et Arts. *Paris, Didot*, 1878 ; in-4, dos et coins mar. rou., tête dor. n. rog. *Figures noires et en couleurs.*

108. **La Fontaine**. Contes et nouvelles en vers. *Amsterdam*, 1745, 2 vol. in-12, v. fil., tr. dor. *Jolies vignettes à mi-pages.*

109. **La Fontaine**. Contes et Nouvelles en vers. *Paris, Plassan*, 1792 ; 2 vol. in-8, v. tr. dor. *Figures d'Eisen, Contrefaçon de l'édition des fermiers généraux.*

110. **La Fontaine**. Fables choisies mises en vers. *Bouillon*, 1776, 4 vol. in-8, d.-rel. mar. n. rog. *Figures.*

111. **La Fontaine**. Fables illustrées, par David. *Paris, Aubrée*, 2 vol. gr. in-8, d.-rel. chag. vert.

112. **La Fontaine**. Fables illustrées, par Grandville. *Paris, Garnier*, 1859 ; gr. in-8, d.-rel. chag. tr. dor.

113. **La Harpe**. Lycée ou cours de littérature ancienne et moderne. *Paris*, 1837 ; 2 vol. gr. in-8, d.-rel. n. rog. (*Panthéon littéraire.*)

114. **La Solle**. Mémoires de Versorand. *Amsterdam*, 1751 ; 2 vol. in-12, mar. vert. fil. tr. dor.

115. **Laurent de l'Ardèche**. Histoire de l'Empereur Napoléon. *Paris, Dubochet*, 1840 ; gr. in-8, v. rel. *Illust. d'Horace Vernet.*

116, **Lecanu**. Chez Victor Hugo. *Paris, Cadart*, 1864 ; in-8, d.-rel. chag. rou. n. rog. *Douze eaux-fortes, par Lalanne.*

117. **Lejeune**. Guide théorique et pratique de l'amateur de tableaux. *Paris, Renouard*, 1864 ; 3 vol. gr. in-8, d.-rel. chag. rou. coins, tête dor. n. rog.

118. **Léorier de l'Isle**. Les loisirs des bords du Loing. *Montargis*, 1784 ; in-12, d.-rel. v.

119. **Longus**. Les Amours pastorales de Daphnis et Chloé. *Londres*, 1779 ; pet. in-4, d.-rel. v. *Figures du Régent.*

120. **Longus**. Daphnis et Chloé. trad. du grec par J. Amyot. *Paris, Lelcère*, 1863 ; in-8, d.-rel. mar. rou. coins, tête dor. n. rog. *Vignettes d'Eisen et Figures de Proudhon.*

121. **Lurine** (L.). Les rues de Paris. *Paris*, 1844 ; 2 vol. gr. in-8, d.-rel. v. *Figures.*

122. **Magasin pittoresque**. *Paris, première année* 1833 à 1884 ; 52 vol. in-4, br.

123. **Magny** (Ol. de). Les soupirs, texte original. *Paris, Lemerre*, 1874 ; in-12, d.-rel. chag. rou. n. rog.

124. **Maistre** (X. de). OEuvres. *Paris, Dondey-Dupré*, 1825 ; 3 vol. in-18, pap. vél. mar. rou. fil. tr. dor.

125. **Malherbe**. Poésies. *Paris, Barbou*, 1776 ; pet. in-8, v. tr. dor. *Port.*

126. **Malherbe**. Poésies, publ., par Lalanne. *Paris, Hachette*, 1862 ; gr. in-8, d.-rel. mar. br. coins, tête dor. n. rog. (*Hardy.*)

Exemplaire en grand papier auquel on a ajouté 21 portraits anciens et modernes.

127. **Maillot et Martin**. Recherches sur les costumes, les mœurs et les usages des anciens peuples. *Paris, Didot*, 1804 ; 3 vol. in-4, d.-rel. n. rog. *Planches.*

128. **Maquet** (A.). Paris sous Louis XIV. *Paris, Laplace*, 1883 ; in-4, br. *Figures.*

129. **Marguerite de Navarre**. Contes et nouvelles. *Londres*, 1784 ; 8 tomes en 4 vol. in-8, d.-rel. v. n. rog. *Figures de Freudemberg.*

130. **Massillon**. Petit carême. *Paris, Estienne*, 1745 ; in-12, mar. vert. tr. dor. (*Quinet.*)

Edition originale.

131. **Mercier de Compiègne**. Eloge du pet. *Paris*, 1799 ; in-18, d.-rel. *Figures.*

132. **Mérimée**. Colomba. *Paris, Charpentier*, 1876 ; in-32, d.-rel. mar. rou, n. rog. *Eaux-fortes.*

133. **Millin**. La Mythologie mise à la portée de tout le monde. *Paris, Didot*, 1799 ; 12 vol. pet. in-18, v. fil. tr. dor. *Cent figures en couleurs.*

134. **Moliere**. OEuvres. *Amsterdam, Jacques Lejeune*, 1684 ; 5 vol. pet. in-12, parch. *Figures.*

135. **Molière**. OEuvres complètes. *Paris, Charpentier*, 1869 ; 3 vol. in-12, d.-rel. chag. bl. *Figures d'après Moreau.*

136. **Montesquieu**. OEuvres. *Paris, Didot, 1802* ; 10 vol. in-18, mar bl. fil. dent. tr. dor. (*Thouvenin.*)

Bel exemplaire sur papier vélin.

137. **Montifaud** (Marc de). Les Nouvelles drôlatiques. *Paris, 1880* ; 10 vol. in-12, br. *Eaux-fortes.*

138. **Montrésor** (Mémoires de M. de) sur le ministère du cardinal de Richelieu. *Cologne, 1663* ; pet. in-12, mar. rou. tr. dor.

139. **Montreuil** (Les œuvres de M. de), *Paris, Barbin,* 1666 ; in-12, port. v. fau. tr. dor. (*Petit.*)

140. **Moralistes français**, (Choix de) avec notices biographiques par Buchon. *Paris, 1837* ; gr. in 8, d.-rel. n. rog. (*Panthéon littéraire*).

141. **Musée Philipon**. *Paris, Aubert,* in-4, cart. *fig.* de Daumier, Gavarni, Grandville, Cham, etc.

142. **Musset** (A. de). Comédies et proverbes. *Paris,* 1867 ; 2 vol. in-12, d.-rel. chag. rou.

143. **Musset** (A. de). OEuvres. *Paris, Charpentier,* 1867 ; 10 vol. pet. in-18, d.-rel. mar. br., coins, têtc dor. n. rog. (David). *Vignettes photographiées.*

Un des rares exemplaires sur papier de chine.

144. **Napoléon**. Lettres à Joséphine, et lettres de Joséphine à Napoléon. *Paris, Didot, 1833*, 2 vol. in-8, d.-rel. chag. vert, coins, n. rog. *Portrait.*

Papier de chine.

145. **Napoléon III**. Histoire de Jules César. *Paris,* 1866 ; 2 vol. gr. in-8, br. et atlas.

146. **Néel**. Voyage de Paris à Saint-Cloud. *Paris*, 1802 ;
2 part. en 1 vol. pet. in-18, v. fau. tr. dor. *Figures*.

147. **Nodier** (Ch.). Contes. *Paris, Hetzel*, gr. in-8, d.-rel.
tr. dor. *Eaux-fortes de T. Johannot*.

148. **Ossian**. Poésies galliques, trad. par Le Tourneur.
Paris, 1777 ; 2 tomes, en 1 vol. in-8, mar. rou. fil. tr.
dor.

149. **Parnes** (R. de). Le Directoire. *Paris, Rouveyre*,
1880 ; in-8, br. *Eau-forte*.

150. **Parny**. OEuvres complètes, *Bruxelles, Méline*,
1834 ; 3 vol. pet. in-18 ; v. rose, n. rog. *Figures*.

> Exemplaire sur papier vert.

151. **Parrocel**. Annales de la peinture. *Marseille*, 1862 ;
in-8, chag. vert. tr. dor.

152. **Pascal**. Pensées et provinciales. *Paris, Renouard*,
1803 ; 4 vol. in-18, mar. rou. fil. dent. tr. dor. *Portraits par St-Aubin (Thouvenin)*.

> Papier vélin.

153. **Perrault**. Les Contes des fées en prose et en vers,
deuxième édition, revue par Ch. Giraud. *Lyon, Per-
rin*, 1865 ; in-8, pap. teinté, d.-rel. mar. viol. n. rog.
Vignettes d'*Eisen et de Marillier*.

154. **Petis de la Croix**. Les mille et un jours. *Amsterdam*, 1711 ; 5 vol. pet. in-12, d.-rel. v. fau. *Figures*.

155. **Pope**. OEuvres complètes, trad. en français. *Paris*,
1779 ; 8 vol. in-8, v. tr. dor. *Figures de Marillier*.

156. **Prechac**. L'Héroïne mousquetaire. *Amsterdam*,
1723 ; pet. in-12, v. fau. fil. tr. dor. *Figures*.

157. **Prévost**. Histoire de Manon Lescaut. *Paris, Lemerre*, 1870 ; in-12, mar. rou. n. rog. *Eau-forte*.

158. **Prévost-Paradol**. Quelques pages d'histoire contemporaine. *Paris, Lévy*, 1862 ; 4 vol. in-12, d.-rel. v. fau. coins n. rog.

159. **Quatrelles**. Le chevalier Beau-Temps. *Paris*, 1870 ; in-8, d.-rel. chag. bl. n. rog. *Vignettes de G. Doré.*

160. **Rabelais** de poche (Le). *Alençon, Poulet-Malassis*, 1860 ; in-12, d.-rel. chag. n. rog.

161. **Rabelais**. Les Songes drôlatiques de Pantagruel. *Paris*, 1869 ; in-8, d.-rel. chag. *Figures.*

162. **Racine**. OEuvres. *Paris*, 1779 ; 3 vol. in-12, d.-rel. mar. vert, coins. *Figures de de Sève.*

163. **Recueil de Farces**, soties et moralités. *Paris*, 1859 ; in-12, d.-rel. mar.

164. **Regnard**. OEuvres. *Paris, de Bure*, 1825 ; 4 vol. in-32, d.-rel. mar. rou. n. rog. *Port.*

165. **Remond de Saint-Mard**. OEuvres. *Amsterdam*, 1749 ; 5 vol. pet. in-12, mar. rou. tr. dor. *rel. anc. Vignettes gravées par Fessard.*

166. **Revue de poche** (La Nouvelle). *Paris*, 1868 ; 3 vol. in-12, d.-rel.

167. **Revue scientifique**. *Paris*, 1880-84 ; en livraisons.

168. **Reybaud**. Jérôme Paturot à la recherche d'une position sociale. *Paris, Dubochet*, 1846 ; gr. in-8, cart. tr. dor. *Illustrations par Grandville.*

169. **Reybaud**. Jérôme Paturot à la recherche de la meilleure des républiques. *Paris, Lévy*, 1849 ; gr. in-8, cart. tr. dor. *Figures de T. Johannot.*

170. **Rich**. Dictionnaire des antiquités grecques et romaines. *Paris, Didot*, 1861 ; in-8, d.-rel. chag. n. rog. *Figures.*

171. **Riquier-Aldée.** Milton. *Paris*, 1839; in-8, d.-rel. v. n. rog.

172. **Rousseau** (J.-J.). OEuvres. *Paris, Ledoux,* 1819; 20 vol. in-18, v.

173. **Sainte Bible** (La). Trad. en français, par l'abbé Glaire. *Paris, Jouby,* 1874; 4 vol. pet. in-18, d. rel. mar. n. rog. *Figures.*

174. **Saint-Simon** (Le duc de). Mémoires sur le siècle de Louis XIV. *Paris, Hachette,* 1861; 13 tomes en 7 vol. in-12, d.-rel. v.

175. **Sanson.** Mémoires mis en ordre, rédigés et publiés par H. Sanson, ancièn exécuteur des hautes œuvres. *Paris,* 1862; 6 vol. in-8, dos et coins mar. rou. tête dor. n. rog.

176. **Sauvigny.** L'Innocence du premier âge en France. *Paris,* 1768; pet. in-8, v. *Figures de Moreau.*

177. **Scarron.** Le Roman comique. *Paris,* 1796; 2 vol. in-8, d.-rel. v. *Figures de Le Barbier.*

178. **Schiller.** OEuvres dramatiques, trad. de Barante. *Paris, Didier,* 1863; 3 vol. in-8, d.-rel. v. fau.

179. **Sigrais.** Histoire des rats. *Paris,* 1738; in-8. d.-rel. v.

180. **Servan.** Apologie de la Bastille. *Paris,* 1784; in-8, d.-rel. chag. rou.

181. **Sévigné** (Lettres de la marquise de) à sa fille et à ses amis, édition revue par S. de Sacy. *Paris, Téchener,* 1861; 11 vol. in-8, d.-rel. mar. lav. coins tête dor. n. rog.

> Exemplaire sur papier de Hollande avec double suite des portraits.

182. **Sorel.** La vraie Histoire comique de Francion. *Paris, Delahays,* 1858; pap. vél. in-12, chag. rou. tr. dor. *Figures.*

183. **Sterne.** OEuvres complètes, suivies des œuvres choisies de Goldsmith. *Paris, Didot,* 1840; gr. in-8, d.-rel. n. rog. *Portraits et Figures.*

184. **Sully-Prudhomme**. Poésies. *Paris, Lemerre,* 1872; in-12, d.-rel. chag. vert, coins, n. rog. *Portraits.*

185. **Swift**. Le Conte du tonneau. *La Haye,* 1757; 3 vol. in-12. v. fau. tr. dor. *Figures.*

186. **Swift**. Voyages de Gulliver. *Paris, Garnier,* 1856; in-8, d.-rel. chag. tr. dor. *Figures de Grandville.*

187. **Tabarin**. OEuvres. *Paris, Delahays,* 1858; in-12, d.-rel. mar. rou. tête dor. pap. vél. *Figures.*

188. **Tabarin**. OEuvres complètes. *Paris, Jannet,* 1858; 2 vol. in-12, mar. rou. tr. dor. (*Allô*).

189. **Thompson**. Les Saisons. *Paris,* 1759; in-12, d.-rel. mar. vert, coins tête dor. *Figures d'Eisen.*

190. **Tibulle**. Élégies trad. par Mirabeau. *Tours,* 1795; 3 vol. in-8, bas. *Figures de Borel.*

191. **Tissot**. Voyage aux pays annexés. *Paris, Marpon,* gr. in-8, br. *Figures.*

192. **Tissot**. Voyage au pays des milliards. *Paris, Schulz,* gr. in-8, d.-rel. *Figures.*

193. **Topffer**. Nouvelles génevoises. *Paris, Garnier,* 1851; in-8, cart. tr. dor. *Figures.*

194. **Touchatout**. Histoire de France tintamaresque. *Paris, s. d.;* gr. in-8, d.-rel. mar. br. n. rog. *Figures de Lafosse.*

195. **Vadé**. L'Enfant de la joie et autres chansons. *Paris, s. d. (vers. 1820);* in-32, mar. rou. tr. dor. *Vignettes.*

196. **Vecellio**. Costumes anciens et modernes, *Paris, Didot,* 1859; 2 vol. in-8, br. *Figures sur bois.*

197. **Voltaire**. La Pucelle d'Orléans. *Paris. Crapelet,* 1799; 2 vol. in-8, cart. n. rog. *Figures de Moreau et de Monsiau.*

198. **Voltaire**. La Pucelle d'Orléans, *Paris, Leclère,* 1865; 2 vol. in-8; v. fau. fil. tr. dor. *Vignettes à mi-pages.*

199. **Voltaire.** OEuvres complètes. *Paris, Renouard*, 1819; 66 vol. in-8, cart. n. rog.

200. **Warrens** (Mme de). Mémoires. *Paris, 1786*; in-8, d.-rel. v. fau. n. rog.

201. **Webb.** Recherches sur les beautés de la peinture. *Paris*, 1765; in-12, d.-rel. mar. viol. n. rog.

202. **Yriarte.** Les Célébrités de la rue. *Paris*, 1864, in-8, d.-rel. mar. bl. *Figures.*

———

Catalogue des Tableaux anciens et Objets d'art, de la collection Febvre. *Paris*, 1882; in-4, br. *Eaux-fortes.*

Costumes. Tableaux de l'habillement, des mœurs et des coutumes dans la République Batave. *Amsterdam, Maaskamp*, 1803; in-4, cart. *Planches coloriées.*

Florian. Galatée, roman pastoral, imité de Cervantes. *Paris, Defer de Maisonneuve*, 1793; in-4, mar. rou., tr. dor. *Planches en couleur, d'après Monsiau.*

Gessner. Mort d'Abel, poème traduit par Hubert. *Paris, Defer de Maisonncuve*, 1793: in-4, cart. n. rog. *6 figures en couleur d'après Monsiau.*

Le Vacher de Charnois. Recherches sur les costumes et sur les théâtres de toutes les nations. *Paris*, 1802; 2 vol. in-4, cart., n. rog.

56 Estampes en couleur, par Chéry et Alix.

Mémorial pittoresque de la France, ou Recueil de toutes les belles actions, traits de courage, arrivés depuis le règne de Henri IV, par L. B. *Paris, Didot*, 1786; in-4, d.-rel.

11 planches en couleur, par Janinet, Sergent, Duvivier, etc.

Papiers et Correspondance de la famille impériale. *Paris*, 1871; 25 livr. in-8.

Verne (J.). Kéraban-le-Têtu. *Paris, Hetzel*, gr. in-8, br. *Figures.*

ESTAMPES

—

ALIX (P.-M.)

21 203 — Molière (J.B. Poquelin de), d'après Garneray. In-fol., en couleur.

Superbe épreuve, marge.

28 204 — Voltaire (F.-M. Arouet de), d'après Garneray. In-fol., en couleur.

Très belle épreuve.

16 205 — P.-L. Dubus-Préville, de la Comédie-Française. In-4, en couleur.

Très belle épreuve.

3 206 — Marat (Jean-Paul), d'après Garneray. In-fol. en couleur.

Bonne épreuve.

BAUDOUIN (D'après P.-A.)

28 207 — Le Rendez-Vous, gravé en imitation du pastel, par L. Bonnet.

Très belle épreuve.

BENAZECH

46 208 — Le couronnement de la Rosière. — Le prix de l'Agriculture. Deux pièces en couleur, faisant pendants.

Très belles épreuves, marges.

BERNARD

209 — Louis XVI, roi de France. In-fol. La tête fine-
ment gravée, en couleur, les coiffures et les ajuste-
ments en imitation de dessin à la plume.

Belle épreuve.

BOILLY (L.)

210 — Réunion de trente-cinq têtes diverses. Lithogra-
phie coloriée.

BONNET (L.)

211 — La Danse. Jolie pièce in-8 en couleur.

Très belle épreuve, marge.

BONNET ET BERTHAULT

212 — L'Eventail cassé. — Le Marchand de chansons. —
La Faute. — Le Pardon. Quatre pièces en couleur.

BOSIO (D.)

213 — Le Collin-Maillard. — Le Cache-Cache. — Le
Volant. — Les Quatre-Coins. — La Main-Chaude.
Suite de cinq pièces en couleurs.

Très belles épreuves.

BOUCHU (D'après)

214 — Colombier, gravé par Chedel.

Belle épreuve, marge.

COULUBRIER

215 — Plan de Paris. — Carte des environs de Paris, représentés dans des médaillons ornementés, avec armoiries et dédicace en bas. Deux pièces.

Belles épreuves.

DEBUCOURT (P.-L.)

216 — Annette et Lubin, 1789, en couleur.

Très belle épreuve.

217 — La Promenade publique, 1792, en couleur.

Très belle épreuve, sans marge.

218 — L'Escalade ou les Adieux du matin, 1787. — Heur et Malheur ou la Cruche cassée, 1787. Deux pièces en couleur faisant pendants.

Belles épreuves.

219 — La Danse des chiens en désordre, d'après C. Vernet, en couleur.

Belle épreuve.

220 — Les Joueurs de boules, en couleur, d'après Vernet.

221 — Promenade anglaise. — Les Anglaises à Paris. Deux pièces en couleur, d'après Vernet.

Belles épreuves.

222 — Passez-Payez. — La Marchande d'eau-de-vie. — Le Jour de barbe d'un charbonnier. Quatre pièces dont une double, gravées en couleur, d'après Vernet.

223 — Louis XVIII, représenté à mi-corps, d'après Isabey. In-fol.

Belle épreuve.

DESCOURTIS (Ch.)

224 — Histoire de Paul et Virginie. Suite de six pièces gravées en couleur, d'après Schall.

Très belles épreuves.

225 — Vue de la porte Saint-Bernard, prise venant de l'hôpital, en couleur, d'après Demachy.

Belle épreuve de premier tirage, avec les armoiries.

226 — Vue de la porte Saint-Bernard. — Vue du port Saint-Paul. Deux pièces faisant pendants, gravées en couleur, d'après de Machy.

Belles épreuves.

227 — Vue de la caverne de Saint-Béat sur le lac de Thun, en couleur, d'après Wolf.

DUPLESSIS-BERTAUX

228 — Entrevue des deux empereurs à Tilsitt, gravé à l'eau-forte par D. B. et terminé par N. Courbe.

Très belle épreuve avant la lettre.

DUTAILLY (D'après)

229 — On doit à sa patrie le sacrifice de ses plus chères affections. — Il est glorieux de mourir pour sa Patrie ! Deux pièces faisant pendants, gravées en couleur par Coqueret.

Bonnes épreuves.

FRAGONARD et LEPRINCE (D'après)

230 — L'Heureuse fécondité. — Le Bonheur du ménage. Deux pièces gravées par De Launay.

Bonnes épreuves.

HUET (D'après J.-B.)

231 — L'Accord maternel. — Les Soins maternels. Deux pièces faisant pendants, gravées en couleur par Bonnet.

Très belles épreuves, marges.

232 — L'Amant écouté. — L'Eventail cassé. Deux pièces en couleur faisant pendants, gravées par Bonnet.

Belles épreuves, sans marges.

233 — La bonne Mère, gravé en couleur par Bonnet.

Belle épreuve.

234 — Le Goûter champêtre, en couleur, par Jubier.

Très belle épreuve.

235 — La Bergère récompensée, gravé en couleur par Jubier.

Très belle épreuve.

236 — Le Marchand d'orviétan de campagne. — La Troupe ambulante des rues de Paris. Deux pièces en couleur faisant pendants, gravées par Bonnet.

Très belles épreuves.

236 *bis* — Les Mêmes estampes.

Très belles épreuves.

JANINET (F.)

237 — Les Comédiens comiques. — Le Rendez-Vous comique. Deux pièces en couleur faisant pendants, gravées d'après Watteau.

Belles épreuves.

238 — Le Rendez-Vous comique, en couleur, d'après Watteau.

Très belle épreuve, marge.

JANINET (F.)

239 — Repas des Moissonneurs, en couleur, d'après Wille fils.

Belle épreuve.

240 — La Crainte enfantine, en couleur, d'après Frendeberg.

Très belle épreuve.

241 — Vues de monuments de Paris. — Vue de Tivoli. — Ruine et tombeau de Cestius. Sept pièces en couleur.

Belles épreuves.

242 — Vue du Palais-Royal. — Ancienne fontaine des Innocents. Deux pièces en couleur, d'après Durand.

Belles épreuves.

JAZET

243 — La Demande en mariage. — Le Retour de l'église — Le Repas de noce. Trois pièces en couleur, d'après Le Comte.

Belles épreuves.

244 — L'Aveugle en danger. — L'Ermite bienfaisant. Deux pièces en couleur faisant pendants.

Belles épreuves.

LAVREINCE (D'après N.)

245 — La Balançoire mystérieuse. — Les Nymphes scrupuleuses. Deux pièces faisant pendants, gravées par Vidal (E.-B. 9 et 42).

Bonnes épreuves.

LAVREINCE (D'après N.)

246 — La Comparaison, gravé en couleur par Janinet (E.-B. 12).

Très belle épreuve.

247 — La Promenade au bois de Vincennes, gravé en couleur par Chapuy (E.-B. 50).

Superbe et très rare épreuve du premier état, avec le premier tit e la première adresse. Très grande marge.

248 — Les trois Sœurs au parc de Saint-Cloud, en couleur, par J.-B. Chapuy.

Pièce rare, en mauvais état.

249 — Le Colin-Maillard, en couleur, par Lecœur (E.-B. app. 1).

Belle épreuve, réemmargée.

LAVREINCE (Attribué à N.)

250 — Si tu voulais, gravée en couleur par Lecœur.

Belle épreuve. Très rare.

LECŒUR

251 — Les Chagrins de l'enfance, en couleur, d'après Mouchet.

Belle épreuve.

LOUTHERBOURG (P.-J.)

252 — La Bonne petite sœur. — Tranquillité champêtre. Deux pièces faisant pendants.

Belles épreuves, marges.

PAROY (Le comte de)

253 — Taverne de brigands, en couleur.

Belle épreuve.

ROGER

254 — Vue de la Bastille du côté du jardin, on voit les deux portes. — Vue de la Bastille prise de la galerie en face du boulevard. Deux médaillons en couleur imprimées sur une même feuille, d'après Pernet.

> Très belles épreuves. Rares.

TAUNAY (D'après)

255 — Foire de village. — Noce de village. — La Rixe. — Le Tambourin. Suite de quatre pièces, gravées en couleur par Descourtis.

> Très belles épreuves. Les deux premières sont de premier tirage, avec les armes.

556 — Foire de village. — Noce de village. Deux pièces gravées en couleur par Descourtis.

> Très belles épreuves du premier état, avec les armoiries.

256 bis — Noce de village.

> Très belle épreuve du premier état, avec les armoiries.

---

257 — Sous ce numéro, il sera vendu par lots un grand nombre d'estampes de toutes les écoles, vignettes, lithographies, par Charlet, caricatures, etc.

Vᵉ Renou et Maulde, imprimeurs de la Compagnie des Commissaires Priseurs, rue de Rivoli, 144.   500—55211